MW00582969

Ugly Duckling Presse
Lost Literature Series #23

Defense of the Idol
Translation copyright © 2018 by Mónica de la Torre

Originally published as *Defensa del Ídolo* (Santiago, Chile: Imprenta Norma, 1934).
"Yo, Viejas y Nuevas Palabras" first appeared in *Antología de poesía nueva chilena*
(Santiago, Chile: Editorial Zig-Zag, 1935).

Lost Literature Series #23

ISBN 978-1-946433-03-9
First Edition, First Printing, 2018
1,200 copies

Ugly Duckling Presse
The Old American Can Factory
232 Third Street #E-303
Brooklyn, NY 11215
www.uglyducklingpresse.org

Distributed in the USA by Small Press Distribution
Distributed in Canada by Coach House Books
Distributed in the UK by Inpress Books

Design by Andrew Bourne
Typesetting by Sarah Lawson and Rebekah Smith
Covers printed offset at Prestige Printing
Interiors printed offset and bound at McNaughton & Gunn

This book was made possible in part by a grant from the
National Endowment for the Arts and by public funds from the
New York City Department of Cultural Affairs in partnership
with the City Council; the translation was supported by the
New York State Council on the Arts.

Omar Cáceres

Defense of the Idol

translated by
Mónica de la Torre

with a prologue by
Vicente Huidobro

Prólogo

Estamos en presencia de un verdadero poeta, es decir, no del cantor para los oídos de carne, sino del cantor para los oídos del espíritu.

Estamos en presencia de un descubridor, un descubridor del mundo y de su mundo interno. Un hombre que vive oyendo su alma y oyendo el alma del mundo. Esto significa un hombre que oye en profundidad, no en superficie.

El hombre asaltado de visiones.

El hombre cuyas células tienen una presciencia y un recuerdo milenario.

No olvidéis que un verso representa una larga suma de experiencias humanas. Y aquí radica su importancia y su trascendentalidad, en esa voz reveladora de lo íntimo del Todo y que por eso parece a los profanos, incomprensible. Lo trascendental no es grandeza hacia afuera, sino grandeza hacia adentro. La poesía no es inconsciencia, es estado de consciencia cósmica. La poesía es clarificadora de los fenómenos del mundo, por eso trascendental. La poesía eleva la idea y las sensaciones a una potencia X, coloca el mundo en un plano en el cual adquiere su verdadero valor espiritual. No hay que confundir la elevación a potencia con el alarido hueco que es precisamente su contrario. Así cuando Arp dice: «Las piedras están llenas de entrañas», dice algo trascendental, con voz sorda, sin pretensiones ni alaridos, pero de auténtica revelación. Lo mismo cuando Éluard escribe: «Todas las aventuras del rostro humano» y otras cosas sin aspavientos, de apariencias pequeñas, pero en realidad profundas y feroces como las dentelladas de la noche.

Ahora oíd a este poeta, oíd la voz de Omar Cáceres, que exclama: «Mi soledad flor desesperada» y comprenderéis por qué afirmo

Foreword

We have before us a true poet, that is, not a singer for our ears of flesh, but rather a singer for the ears of the soul.

We have before us a discoverer, a discoverer of the world and of his inner world. A man who lives listening to his own soul and to the world's soul. This means that he is a man who listens in depth, not on the surface.

A man assailed by visions.

A man whose cells have prescience and a millenary memory.

Forget not that a line of poetry represents a long sum of human experiences. There lies its importance and transcendence, in that voice revealing the intimate of All and which, for that reason, seems incomprehensible to the profane ones. The transcendental is not greatness directed outward but greatness directed within. Poetry is not unawareness; it is a state of cosmic awareness. Poetry is the clarifier of the world's phenomena, this is why it is transcendental. Poetry heightens ideas and sensations to the nth degree, and places the world on the plane on which it acquires its true spiritual value. We should not confuse this multiplication to the nth degree with the hollow screeching that is precisely its opposite. When Arp says: "Stones are full of entrails," he is saying something transcendent, with neither pretense nor shrieks, in the undertones of authentic revelation. The same happens when Éluard writes unfussily of "All the adventures of the human face" and other seemingly small things, which are, in fact, as fierce and penetrating as the night's bites.

Now hear this poet, hear the voice of Omar Cáceres, crying out: "My solitude a desperate flower," and you will understand why I claim that we have before us a true poet. The entirety of *Defense*

que estamos en presencia de un verdadero poeta. Todo el libro *Defensa del Ídolo* está lleno de estas revelaciones, lleno de síntesis luminosas, de experiencias humanas. De ahí la intensidad de este poeta que parece estar siempre auscultando más allá.

Omar Cáceres sabe que la poesía es la valorización de la vida interior y que en la creación poética el poeta presenta el caso de una necesidad de vivir otro mundo.

La poesía es defensa del Ídolo y creación del Mito. La poesía existe como Ídolo en mí y como Mito fuera de mí. Existe con su vida propia, con su destino, con su fatalidad y ella aplastará todo lo que pretenda obstruirle el camino y su marcha imperativa, porque ella es necesidad orgánica y necesidad cósmica. Las reglas fijas, los consejos, las críticas, etc., serán gusanillos bajo sus pies de mármol.

La alta poesía no la hacen las leyes de la retórica, sino el equilibrio entre el movimiento interno y el movimiento externo o sea la expresión humana.

Nada hallaréis en este libro de retórico, de aprendido, de cantor fácil y elegante. Su autor no es el artífice mañoso y lisonjero, es el hombre que tiene el poder de romper las ligaduras del mundo aparente y que logra ver las realidades recónditas.

La poesía está en todas partes (como decían antes de Dios). La poesía *es*. La poesía forma parte del *ser* universal, es su esencia misma y por eso sólo los poetas conocen los hilos invisibles que unen todas las cosas.

Las fuentes de la poesía son las mismas fuentes de la energía universal.

El poder creador, el poder transformador. Su historia es el más perfecto historial de la naturaleza y del hombre. (Pero ¡cuán pocos son los verdaderos poetas y cuántos los falsos poetas!)

Cuando después del advenimiento de un mundo mejor, es decir,

of the Idol is full of these revelations, of luminous syntheses, of human experiences. Thus the intensity of this poet who always seems to be examining the beyond with a stethoscope.

Omar Cáceres knows that poetry is the valuation of inner life and that, in poetic creation, the poet states the case for the need to live a different world.

Poetry is defense of the Idol and creation of Myth. Poetry exists as Idol within me and as Myth outside. It has its own life, its fate, its calamity, and it will crush anything that seeks to get in its way and obstruct its imperative course, because poetry is organic and cosmic necessity. Set rules, advice, critiques, etc., will be nothing but worms writhing under its marble feet.

High poetry is not made by the rules of rhetoric, but rather by the balance between inner and outer movement. That is, by human expression.

You will find nothing rhetorical or received in this book, no facile or pompous lyricism. Its author is no gimmicky or flattering artificer; he is a man with the power to sever the ties of the world of appearances and to perceive hidden realities.

Poetry is everywhere (as they used to say about God). Poetry *is*. It is part of the universal *being*, is its very essence, and this is why only poets know the invisible threads that unite all things.

The sources of poetry are the same sources of universal energy.

Creative power, transformative power. The history of this power is the most perfect record of nature and humanity. (But how few are true poets and how many are false ones!)

Upon the arrival of a better world, that is, after the triumph of the social revolution, when humanity has come into its own and everyone lives in a greater culture, once life's struggle—the dog-like struggle—has ended and the spirit reigns like the sun, then the

después del triunfo de la revolución social, los hombres se hayan superado y vivan todos en una mayor cultura, cuando la lucha por la vida, al estilo perro, haya desaparecido y el espíritu reine como el sol, entonces los hombres profundos estudiarán el desarrollo y la evolución humana no en los historiadores sino en ciertos poemas, porque la poesía de los grandes poetas señala mejor que nada las corrientes internas de una época y porque las preocupaciones de sus más altos espíritus sólo pueden adivinarse a través de ella.

Aquí tenéis ahora estos «eslabones herméticos hablándose al oído» y hablándoos al oído «en un sólo éxtasis de aire».

Detrás de tus ventanas la poesía cruza el universo como un relámpago.

—*Vicente Huidobro*

deep ones will study humanity's development and evolution not in historians, but in certain poems. Because the poems by great poets manifest an era's inner currents better than anything else, and because the concerns of an era's highest spirits can only be glimpsed through poetry.

Here you have these "hermetic chain-links whispering in each other's ears" and whispering in our ears in a "single ecstasy of air."

Outside your windows poetry crosses the universe like a lightning bolt.

—*Vicente Huidobro*

Defensa del Ídolo

Defense of the Idol

Mansión de Espuma

Con mi corazón, golpeándote, oh sombra ilimitada,
apaciento los bríos absolutos de estas estampas —perdurables;
huyendo de su vida, pienso, el que parte limpia el mundo,
y así le es dado reflejar su imagen dulcemente terrestre.

Un pueblo (Azul), trabajosamente inundado.
Va a pasar la dura estación equilibrando sus paisajes.
Tiempo caído de los árboles, cualquier cielo podría ser mi cielo.
El blanco camino cruza su inmóvil tempestad.

Muda voz que habita debajo de mis sueños,
mi amiga me instruye en el acento desnudo de sus brazos,
junto al balcón de luz disciplinada, tumultuosa,
y desde donde se advierte la aún no soñada desventura.

Revestido de distancias, entre hombre a hombre-magro,
todo naufraga "bajo el pendón de su postrer adiós";
dejé de existir, caí de pronto desamparado de mí mismo,
porque el hombre ama su propia y obscura vida solamente.

Ídolo ignoto. ¿Qué he de hacer para besarlo?
Legislador del tiempo urbano, desdoblado, caudaloso,
confieso mi autocrimen porque quiero comprenderlo,
y en las rompientes de su alcohol de piedra despliego mis palabras.

Mansion of Foam

With my heart, pounding on you, oh unlimited shadow,
I feed the unmitigated brio of these engravings—lasting;
escaping from his life, I think, the one who leaves cleanses the world,
and so is inclined to reflect its sweetly terrestrial image.

A town (Blue), arduously flooded.
It will spend the hard season balancing its landscapes.
Time fallen from trees, any sky could be my sky.
The white path crosses its motionless storm.

Mute voice dwelling under my dreams,
my friend instructs me on the naked accent of her arms,
next to the balcony of disciplined, riotous, light,
and from where as yet unimagined misfortune can be sensed.

Lined with distances, between man and meager-man,
everything sinks "under the banner of its final farewell";
I ceased to exist, suddenly forsaken by my own self,
because man loves only his own and dark life.

Unknown idol. What must I do to kiss it?
Legislator of urban time, unfurled, abundant,
I confess my self-crime because I want to understand it,
and on the reefs of its stone alcohol I spread my words.

Insomnio junto al Alba

En vano imploro al sueño el frescor de sus aguas.
Auriga de la noche!... (¿Quién llora a los perdidos?)
Vuelca la luna sobre su piel el viento, mientras
que de la sombra emerge la claridad de un trino.

Tambalean las sombras como un carro mortuorio
que desgaja a la ruta el collar de sus piedras;
e inexplicablemente crujen todas las cosas,
flexibles, como un arco palpitante de flechas.

Amor de cien mujeres no bastará a la angustia
que destila en mi sangre su ardoroso zumbido;
y si de hallar hubiera sostén a esa esperanza,
piadosa me sería la voz de un precipicio.

Volcó la luna sobre su piel el viento. Suave
fulguración de nieve resbala en los balcones;
y al suplicarle al sueño me aniquile, los pájaros
dispersan un manojo de luz en sus acordes.

Insomnia Near Dawn

In vain I beg sleep for the coolness of its waters
Coachman of night!... (Who mourns the lost?)
The moon turns the wind over its skin, while
from the shade emerges the clarity of a trill.

Shadows stagger like a funeral car
pulling apart the stones of the route's necklace;
and inexplicably all things creak,
flexible, like a bowstring throbbing from arrows.

Love of a hundred women will not sate the anguish
distilling its feverish buzz into my bloodstream;
and if I found there were support for that hope,
the voice of a precipice would have mercy on me.

The moon turned the wind over its skin. A soft
flicker of snow slides on the balconies;
and as I beg sleep to obliterate me, birds
scatter a handful of light with their chords.

Palabras a un Espejo

Hermano, yo, jamás llegaré a comprenderte;
veo en ti un tan profundo y extraño fatalismo,
que bien puede que fueras un ojo del Abismo,
o una lágrima muerta que llorara la Muerte.

En mis manos te adueñas del mundo sin moverte,
con el mudo estupor de un hondo paroxismo;
e impasible me dices: "conócete a ti mismo",
como si alguna vez dejara de creerte!...

De hondo como el cielo, cuán dulce es tu sentido;
nadie deja de amarte, todo rostro afligido
derrama su amargura dentro tu fuente clara.

Dime, tú, que en constante desvelo permaneces:
¿se ha acercado hasta ti, cuando el cuerpo perece,
algún alma desnuda, a conocer su cara?

Words to a Mirror

Brother, you, I will never comprehend;
I see in you such a deep and eerie fatalism,
you could as well be the eye of the Abyss,
or a tear shed by Death, already dead.

Without moving, in my hands, the world you seize
with the mute stupor of a deep outburst
and stone-faced you say: "know yourself,"
as if at some point my belief in you could cease!...

For its sky-like depth, how sweet is your sense;
nobody stops loving you, each afflicted countenance
pours its bitterness onto your clear source.

Tell me, you, who sleepless perpetually stays,
has some naked soul, upon its body's decay,
ever approached you, to meet its face?

Decoración de la Lluvia

Revoloteos de hojas muertas. Primavera
que estalla entre los surcos de una honda fatiga;
largas trenzas de agua colgando de la lluvia,
que cae, y se hace trizas.

El agua!... ¿A quién busca el agua, numerosa?
Aprieta su contorsión nubes adentro;
en tanto, cual heraldos de la vida,
van los pasos de la lluvia—, cantando,
despiertos en el sueño.

¿Y cómo recoger su movimiento,
solitario pensativo, solitario pensativo?
—Contempla cómo aviva su sopor la lluvia pálida,
y cómo, cual si acallase el dolor del rumbo fijo,
asciende en gorjeos de luz el polvo del camino!

Lumbre de altas vigilias, girasol de espejos invariables,
descorriendo el velo de sus profundas calcomanías,
ahuyenta el obscuro volumen de los árboles,
sin hallar dónde inclinarse, sin encontrar su mañana.

Revoloteos de hojas muertas. Primavera
que estalla entre los surcos de una honda fatiga,
humos de lentitud, claridades en calma,
y, en mi alma?
una onda de ardientes campanadas!

The Rain's Decoration

Swirls of dead leaves. Spring
bursting within the furrows of a deep fatigue;
long braids of water dangling from the rain,
that falls, and turns to shreds.

The water!... Who does the water look for, numerous?
Inside clouds, its contortion tightens;
in the meantime, as if heralds of life,
the rain's steps go on—singing,
awake in the dream.

And how to gather its movement,
solitary pensive, solitary pensive?
—Contemplate how the pale rain rekindles its torpor,
and how, as if soothing the pain of the fixed path,
the road's dust rises in gurgles of light!

Fire of high vigils, sunflower of unchanging mirrors,
lifting the veil of its subsumed decalcomanias,
it scares off the trees' dark volumes,
not finding where to lean, nor finding its morning.

Swirls of dead leaves. Spring
bursting within the furrows of a deep fatigue,
fumes of slowness, calm clarities,
and, in my soul?
a wave of ardent bells!

Nocturno

Están ebrios los árboles, de las luces nocturnas,
y sus sombras arrastran, nerviosos y crispados.

Sus sombras, que estrangulan los vientos de la noche,
me albergan y sacuden, como si fuera un pájaro.

Y mis pasos resuenan en sus negros ramajes,
y me llenan de vértigo los más débiles ganchos;

mas, al darles mis ojos desde otros más simples,
me responden, cimbrándose, que quedaron intactos...

Las hojas, que dilatan las sombras compartidas,
retornan como barcas deshechas a su árbol.

No pueden, ay, ganar las sólidas riberas
que anuncian desde el cielo las puntas de los astros,

mas surcan temblorosas y henchidas de silencio
profundos y ateridos estanques de milagro.

Y en los nocturnos árboles que abrazan a la tierra,
hallo olvido y piedad, si estoy desesperado,

mientras delgada y diáfana se escurre la luz...
en sus ramajes, COMO EL AGUA ENTRE MIS MANOS!

Nocturne

The trees are drunk, from nocturnal lights,
and they drag their shadows, nervous and stiff.

Their shadows, strangling the night's winds,
shelter and rattle me, as if I were a bird.

And my steps echo in their black boughs,
and the weakest hooks fill me with vertigo;

yet when I cast my eye on them from another, simpler pair,
they respond, swaying, that they remained intact...

The leaves, dilating the communal shadows,
return like ruined boats to their tree.

They cannot, oh, attain the solid banks
that the tips of heavenly bodies announce from above,

yet thick with silence they plow, quivering
through deep and frozen ponds of miracle.

And in the nocturnal trees embracing the earth,
I find oblivion and mercy, when in despair,

while the light runs down their boughs,
thin, diaphanous... LIKE WATER BETWEEN MY HANDS!

Anclas Opuestas

Ahora que el camino ha muerto,
y que nuestro automóvil reflejo lame su fantasma,
con su lengua atónita,
arrancando bruscamente la venda de sueño
de las súbitas, esdrújulas moradas,
hollando el helado camino de las ánimas,
enderezando el tiempo y las colinas, igualándolo todo,
con su paso acostado;
como si girásemos vertiginosamente en la espiral de nosotros mismos,
cada uno de nosotros se siente solo, estrechamente solo,
oh, amigos infinitos.

(100, 200, 300,
miles de kilómetros, tal vez).
El motor se aísla.
La vida pasa.
La eternidad se agacha, se prepara,
recoge el abanico que del nuevo aire le regala nuestra marcha;
en tanto que enterrando su osamenta de kilómetros y kilómetros,
los cilindros de nuestro auto depáranse a la zona de nuestros propios
      muertos;
he ahí a los antiguos héroes dirigiéndonos sus sonrisas de altivos y
      próximos espejos;
mas, junto a ellos, también resiéntense,
los rostros de nuestros amigos,
los de nuestros enemigos,
y los de todos los hombres desaparecidos;

Opposite Anchors

Now that the road has died,
and that our automobile reflex is licking its ghost,
with its stunned tongue,
abruptly tearing off the bandage of sleep
from the sudden, sesquipedalian abodes,
treading on the frozen path of souls,
straightening out time and the hills, equalizing everything,
with its reclining pace;
as if we were spinning vertiginously in the spiral of our own selves,
each one of us feels lonely, narrowly lonely,
oh, infinite friends.

(100, 200, 300,
thousands of kilometers, perhaps.)
The motor becomes isolated.
Life goes on.
Eternity crouches, prepares itself,
picks up the folding fan of new air gifted by our march;
all the while burying their skeleton of kilometers and kilometers,
the cylinders of our car offer themselves to the zone of our own dead;
the ancient heroes are there, directing at us their smiles of haughty,
        nearby mirrors;
yet, next to them, we also resent,
the faces of our friends,
of our enemies,
and of all the disappeared men;

nuestro automóvil les limpia el olvido con el roce delirante de
sus hálitos.

Como esas manos de mármol que se saludan a la entrada de las tumbas,
nuestro automóvil seráfico ratifica el gran pacto,
que a ambos lados de la ruta, conjuradas,
atestiguan las súbitas, esdrújulas viviendas golpeándose entre sí...

Ahora que el camino ha muerto,
y que nuestro automóvil reflejo lame su fantasma,
con su lengua atónita,
como si girásemos vertiginosamente en la espiral de nosotros mismos,
cada uno de nosotros se siente solo, indescriptiblemente solo,
oh amigos infinitos!

our automobile cleans off their oblivion with the delirious brush
   of its breaths.

   Like those marble hands greeting each other at the entrance of tombs,
our seraphic automobile ratifies the great treaty,
witnessed from either side of the road by the conjured,
sudden, sesquipedalian abodes, striking each other...

   Now that the road has died,
and that our automobile reflex is licking its ghost,
with its stunned tongue,
as if we were spinning vertiginously in the spiral of our own selves,
each one of us feels lonely, indescribably lonely,
oh infinite friends!

Angel de Silencio

1

Recordaré su grande historia,
su angustiado jadeo que desmenuza ciudades.
Pasan los días sin mirar, como sonámbulos,
como grandes hélices embriagadas de propósitos,
pero canta el tiempo en una gota de agua, y entonces...
sé que está aún de lejos como yo la quiero mía.

Saltó, pues, la velocidad más allá del horizonte oculto de las cosas,
su uniforme distancia
en los trapecios de mi grito.

Para no llorar, recuerdo, lluvia, tu mensaje,
tu gran libro que yo leía sin abrirlo,
junto a la ventana que cae a latigazos
y que crucifica mis ojos en sus negras cicatrices.

Pasa el viento a estirones con el mar, desarrugándolo;
ráfaga de músculos azules, recoge sus cenizas perfumadas.

Ahí la espero, solo
como los inútiles retratos,
aumentando las olas de la sombra,

y, ya no se irá su canción de mi ventana.

Angel of Silence

1

I will remember her grand story,
her anguished panting that pulls cities apart.
Days pass by blindly, like sleepwalkers,
like large propellers drunk on resolutions,
but time sings in a drop of water, and then...
I know she's as far away as I want her to be mine.

Speed, then, leapt past the hidden horizon of things,
its uniform distance
on the trapezes of my scream.

So as to avoid crying, I remember, rain, your message,
your great book I'd read without opening,
near the window whiplashing down
and crucifying my eyes on its black scars.

The wind lurches forward with the sea, smoothing out its wrinkles;
a gust of blue muscles, it gathers its perfumed ashes.

There I wait for her, alone
like the useless portraits,
multiplying the shadow's waves,

and her song won't leave my window anymore.

2

Pienso en la noche sin vacilar un ruido
y apoyo mis ojos en mi propio horizonte,
cuando agitadas las hojas de la atmósfera
transcurren a través de todo sin romperse;
pero no escucho su sonrisa hecha para cicatrizar
la llaga de mi asombro,
porque mi corazón se defiende con todas sus banderas:
sólo ahí está lo que verdaderamente vive!

Con la claridad de lo inexistente, universalmente comprobado,
es decir, recogiendo el regreso de lo que en mí se proyecta
sumergiéndose en mis vivos pensamientos,
en donde todo se queda como en un cielo de espaldas;
circunscripto, mórbido, ocupando ese reposo,
arraigan mis desiertos brazos ahí de agua,
medio a medio de la noche en que el futuro hijo se adelanta a
     nuestra lámpara,
extinguiéndose, es cierto, bajo su llama, bajo su umbral imperceptible,
pero en que con frecuencia, sin embargo, yo y mis amigos
     —indefinidamente—,
extendemos nuestros cigarrillos para que el mar se enderece...
y para que así venga, me digo, a sumergir sus dos manos en mi alma,
y es mi alarido sólo, *que apuntala sus rayos para poder girar!*

2

I think about the night without hesitating a sound
and rest my eyes on my own horizon,
when, startled, the atmosphere's leaves
go by everything without breaking;
but I do not listen to her smile designed to heal
my awe's wound,
because my heart fends for itself with all its banners:
what truly lives couldn't be elsewhere!

With the clarity of the nonexistent, universally proven,
that is, summoning the return of what projects itself in me
by plunging into my living thoughts,
where everything stays as in a sky turned backward;
circumspect, morbid, occupying that repose,
my arms take root there deserted of water,
halfway to the middle of the night in which the future son beats us to
        our lamp,
becoming extinguished, true, under its flame, under its imperceptible
        threshold,
but toward which frequently, however, my friends and I—indefinitely—,
reach out our cigarettes so that the sea may straighten...
and so that she come, I tell myself, to plunge her two hands into my soul,
but it's only my scream, *securing its spokes so that it may spin!*

3

Pizarra del silencio, soy un punto caminante;
eslabones herméticos hablándose al oído;
la hora nueva en el tic-tac de las palabras;
ah, cómo traer hasta aquí los cantos atrasados!

Arboladura interior,
recreo los muros incesantes.
Entonces apareces, oh sinfónico arco-iris,
oh gran imán, ondeando en mis estanques la sombra de sus manos.

(Repitiendo mi vida, reuniéndola en mis ósculos,
yo moría cada vez hasta llenar su destino).

Pregunto ahora qué rayos, qué anclas invisibles,
te traían hasta el aire,
porque pasaste, amiga mía, como un hilo de lluvia sus pasos aturdidos
por los alambres que destiñen gota a gota el color de las montañas!

3

Blackboard of silence, I am a walking dot;
hermetic chain-links whispering in each other's ears;
the new hour in the tick-tock of words;
oh, how to bring the delayed songs all the way here!

Interior rigging,
I recreate the unending walls.
Then you appear, oh symphonic rainbow,
oh great magnet, waving the shadows of her hands in my ponds.

(Repeating my life, mustering it in my osculations,
I'd die each time until fulfilling its fate.)

I ask now what spokes, what invisible anchors,
would raise you up to the air,
because you passed, my friend, like a thread of rain, its steps dazed
along the wires that fade drop by drop the color of the mountains!

4

¿De dónde llega el mar? Su arribo,
constelación de brazos que libertan;
su hospitalidad sin sueño, barco,
rehuye en las mandíbulas del puerto una acechanza extrarreal.

Tantea,
se engrifa,
se exaltan sus velas de pensar, tal vez,
en la partida,

y avanza encrespando la mañana de afortunadas persistencias.

4

Whence the sea? Its arrival,
a constellation of liberating arms;
its sleepless hospitality, a ship,
dodging a hyperreal stalking in the jaws of the port.

It sounds out,
gets crossed,
its sails get worked up from thinking, perhaps,
of the departure,

and it advances roughening the morning with fortunate persistences.

5

Paisaje infinito,
mi soledad flor desesperada,
asciende hasta el sonido más alto.

Desnudo,
mi atmósfera encendida, moneda que no entrego,
se sacuden las noches asombradas
y recojo los astros en mis ojos como frutos
instantáneos.

Arriba el beso sangrante en las llamaradas del viento.
Ah, los horizontes,
anillos imposibles.

Amanecer de caminos sonoros que se cruzan,
su nombre aún golpea el duro rostro del silencio.

Contengo, no obstante, las palabras,
el salto estrellado de sus mundos,

hasta que un día se clavó en mi sueño

os-ci-lan-do
como una espada!

5

Infinite landscape,
my solitude a desperate flower,
ascending to the highest sound.

Naked,
my atmosphere lit, a coin I don't turn in,
the astonished nights shake themselves up
and I gather the heavenly bodies with my eyes like instant
fruits.

Above, the bleeding kiss in the wind's blazes.
Ah, horizons,
impossible rings.

Dawn of resonant paths that cross,
their names still pounding on the hardened face of silence.

I contain, nonetheless, the words,
their worlds' starry leap,

until one day it nailed itself to my dream

dang-ling
like a sword!

Oráculo Inconstante

Recreo estelar ebrio de superiores hálitos,
frente azulada de cansancios, de apurar su doble-vida;
doblega la noche de tumbo en tumbo y dame esa fuerza clara,
serpentina de tus huesos!

Encumbrando su pulmón de ceniza, luna,
suavemente intercalada entre nosotros dos;
chorrea el sueño de mi cuerpo —espérame:
hollarás conmigo la soledad en que he abierto
una nueva salida hacia las cosas.

Guiado hacia el estribo de tu sed maciza,
(penacho de olas débiles, caderas conturbadas),
el aerolito de tu cuerpo fija las estaciones,
desde el arco vacío de su piel.

Fickle Oracle

Stellar reprieve drunk on superior breaths,
forehead blue from weariness, from hurrying its double life;
double down on the staggering night and give me that clear strength,
streamer of your bones!

Hoisting its lung of ash, moon,
softly intertwined between the two of us;
sleep splattering from my body—wait for me:
together we will tread the solitude through which I've opened
a new way out to things.

Led to the buttress of your solid thirst,
(headdress of frail waves, distressed hips),
the meteorite of your body sets the seasons,
from the empty arc of its skin.

Segunda Forma

Delante de tu espejo no podrías suicidarte:
eres igual a mí porque me amas
y en hábil mortaja de rabia te incorporas
a la exactitud creciente de mi espíritu.

Indócil a ese augusto y raudo desierto,
encuentras, padeces una muerte nueva;
al abandono de tu propia levedad asistes,
como un manantial riendo de su peña.

Entonces desciendo a tu exigua y extrema realidad, a tu fijeza,
desentendido de rencores y pasos de este mundo;
cruzando el pálido paisaje de los deseos olvidados,
sacudido de memorias, de inclementes y efímeros despojos, te enturbio
    de pasión.

Un ciego lucero hinca su diversidad en nuestro ser,
exactamente hasta su espejo sin trabas, alcanzándolo;
ondeando un solo corazón de infinito a infinito, es decir,
hacia el día que se acostumbra a sus dos reyes de vidrio!

Second Form

You couldn't kill yourself before your mirror:
you are like me because you love me
and wrapped in a deft shroud of rage you mold yourself
to my spirit's increasing exactness.

Unyielding to that august, swift desert,
you meet, suffer a new death;
you show up at your own levity's abandonment,
like a spring mocking its bedrock.

Then I descend to your paltry, extreme reality, to your stillness,
oblivious to rancors and the strides of this world;
crossing the pale landscape of forgotten desires,
shaken by memories, by inclement and ephemeral rubble, I muddy you
      with passion.

A blind star sinks its diversity into our being,
exactly up to its unlocked mirror, reaching it;
waving a single heart from infinity to infinity, that is,
toward the day getting used to its two glass kings!

Contra la Noche

Con sus rápidos ojos que parten el viento,
los tranvías hallan, copian la ciudad;
las frías nubes despliegan, intensifican la vida...
....!

Mi pensamiento rueda y se alarga hasta mi casa,
derramando sus lunas de sed en la tormenta;
burgueses y mendigos y vehículos, todo lo que a mi encuentro viene,
se agranda a su contacto, resplandece,
y anula su existencia, acábase, en mí mismo.

Entonces canto mis límites, mi alegría desbordada
como un collar de olvido en la extremidad de un verso;
contra el rumbo de la noche voy ganando hojas de plata,
y he de estar dormido cuando todas me pertenezcan.

Against Night

With their speedy eyes splitting the wind,
streetcars find, replicate the city;
the cold clouds unfold, intensify life...
....!

My thought rolls and lengthens all the way to my house,
spilling its moons of thirst on the storm;
the bourgeois and beggars and vehicles, everything that comes to me,
puffs up on contact, glimmers,
and annuls its existence, is done with, in myself.

Then I sing my limits, my overflowing joy,
like a necklace of oblivion on the limb of a line of poetry;
against the night's course I'm winning silver leaves,
and I shall be asleep by the time they all belong to me.

Azul Deshabitado

Y, ahora, recordando mi antiguo ser, los lugares que yo he habitado,
y que aún ostentan mis sagrados pensamientos,
comprendo que el sentido, el ruego con que toda soledad extraña
    nos sorprende
no es más que la evidencia que de la tristeza humana queda.

O, también, la luz de aquel que rompe su seguridad, su
    consecutiv'atmósfera,
para sentir cómo, al retornar, todo su ser estalla dentro un gran número,
y saber que «aún» existe, que «aún» alienta y empobrece pasos en la tierra,
pero que está ahí absorto, igual, sin dirección,
solitario como una montaña diciendo la palabra *entonces*:
de modo que ningún hombre puede consolar al que así sufre:
lo qu'él busca, aquellos por quienes él ahora llora,
lo que ama, se ha ido también lejos, alcanzándose!

Uninhabited Blue

Now, as I remember my former self, the places that I've inhabited,
that continue displaying my sacred thoughts,
I understand that sense, the plea with which all alien solitude surprises us,
is nothing but the proof of human sadness that remains.

Or, also, the light of the one who smashes his security, his
        consecutiv'atmosphere,
to feel how, upon returning, his entire being explodes within a great number,
and to know that he "still" exists, "still" encourages and impoverishes
        steps on the earth,
although he's there engrossed, selfsame, directionless,
alone like a mountain saying the word *then*:
so that no one can console the one who suffers like this:
what'e seeks, those for whom he grieves,
what he loves, it's all gone far away too, reaching itself!

Estampa Nativa

Hombre transparente de olvido, puro hombre,
crucificado en aguas, en fragancias, en palabras;
gastando su más duro equilibrio, ahí está sin interlocutores, desmedido,
    sin principio,
y ha de retornar cada vez para poseer enteramente lo que entonces ama.

Traspasado de sus hechos, herido de locura,
saltando en la cuerda celeste de su propia alma,
he ahí que irrumpe de esa riente estela, el más brillante filón de su destino;
sobre su proeza reina; —llamaría a cada instante hacia ese imponderado
    júbilo,
como si existiese esa sola alegría para toda su ciudad!...

Pero el crepúsculo marcha adelante del aire cívico comprometiendo
su mirada oblicua para cerrarle el paso a un asesino;
—a lo largo de su exilio se pasea una flecha consumada;
todo acero le duele, todo secreto;
hombre recíproco, solidario, aproximado a todo principio,
se hunde en su propio fuego para al fin encontrarse.

Borrando, entonces, esos signos constelados en sus incongruentes llagas,
océano de olas metálicas, argollas de su vida abandonada,
esas olas aún cantan al costado de su infancia,
transparentes, resentidas,
sosteniendo un barquichuelo alrededor de sus pequeños pies desnudos.

Native Engraving

Man transparent from oblivion, mere man,
crucified in waters, in fragrances, in words;
expending his hardest balance, there he is without interlocutors, excessive,
    with no beginning,
bound to return each time to possess entirely what he then loves.

Riddled by his facts, wounded by madness,
jumping on the heavenly rope of his own soul,
he thus bursts in from that laughing wake, the brightest of his destiny's
    gold mines;
he reigns over his prowess—he'd summon each moment to that
    immeasurable joy,
as if that one happiness existed for his entire city!...

But dusk marches ahead of the civic air implicating
his oblique gaze to stop a killer in his tracks
—for the length of his exile a consummated arrow roams about;
all steel pains him, all secrets;
reciprocal man, steadfast, close to all beginnings,
he jumps into his own fire to find himself at last.

Erasing, then, those constellated signs in his incongruous wounds,
ocean of metallic waves, shackles from his abandoned life,
those waves still sing by his childhood's side,
transparent, embittered,
lifting a toy boat to circle his bare little feet.

Canción al Prófugo

Golpeando l'aguda meta con su escudo monótono, hay,
desde que tú te fuiste, diez almas en tu porte;
rompe ese cielo inmediato, lineal, para que se junte tu vida
y dame, oh prófugo, el último oasis de ese viaje, *tus pasos
desnudos por el camino único* y el sol cerrado
que lava la pena de esa tierra sabia, tu frente ácida, dame
el solo sentido que ahí existe para *hablar*
y estaremos juntos SIEM-
pre!

Song for the Fugitive

Banging th'sharp goal with their monotonous shield, there are,
since you left, ten souls at your visage;
shatter that immediate sky, linear, so that your life may be joined
and give me, oh fugitive, the last oasis of that journey, *your bare
steps on the only path* and the closed sun
that washes away that wise land's sorrow, your acrid forehead, give me
the only sense that is there to *speak*
and we will be together AL-
ways!

Iluminación del Yo

Chorreando sus bruñidas densidades
alrededor de las tardes iguales, simultáneas,
he aquí que el magro, difícil día se presenta,
fiel a su ritmo adusto, puro, sojuzgado.

Sus infinitas hojas, que señalan intensamente el límite,
desde donde emerge reverdecido de lados profundos,
giran sobre mi joven voluntad, amorosa y viril,
así como cantando lo decía esta mañana.

Porque ahí estoy, oh monumento de luz,
siempre hacia ti inclinado, extranjero de mí mismo,
presto a tu súbita irradiación de espadas,
fijo a tu altiva significación de espec—tro,
oh luz de soledades derechas, de inflexibles alturas y ecuatoriales sucesos.

                                              Y bien,
echa a rodar esta perfección en tu llanura,
puedo ahora decirlo todo, recogerlo todo:
irrumpe, surge, de esta lámpara, a pedazos,
nocturno poema que yo he escrito con letras imprecisas,
noche de azulada tormenta, oh rectitud incomparable.

Yo soy el que domina esa extensión gozosa,
el que vela el sueño de los amigos,
el que estuvo siempre pronto,
el que dobla esa fatiga que adelgaza todos los espejos.

The I's Illumination

Splattering its polished densities
around the same, simultaneous, afternoons,
here's the meager, difficult day presenting itself,
faithful to its stern rhythm, pure, subdued.

Its infinite leaves, intensely pointing to the limit,
from where it emerges green again with deepened facets,
whirl around my youthful will, loving and virile,
just as I was saying with my song this morning.

Because there I am, oh monument of light,
always leaning toward you, a stranger to myself,
at the ready for your sudden irradiation of swords,
fastened to your conceited ghos-tly signification,
oh light of straight solitudes, of rigid heights and equatorial events.

                                        And so,
set this perfection rolling on your grassland,
now I can say anything, gather anything:
it barges in, appears, from this lamp, in pieces,
a nocturnal poem I've scribbled in blurry handwriting,
night of a bluish storm, oh incomparable righteousness.

I am the ruler of that joyful region,
who watches over his friends' sleep,
who was always at the ready,
who folds the fatigue that thins out all mirrors.

Ahora sorprendo mi rostro en el agua de esas profundas despedidas,
en las mamparas de esos últimos sollozos,
porque estoy detrás de cada cosa
llorando lo que se llevaron de mí mismo.

Y amo el calor de esta carne dolorosa que me ampara,
la sombra sensual de esta tristeza desnuda que robé a los ángeles,
el anillo de mi respiración, recién labrado...
Es todo cuanto queda, oh ansiedad.

Descuelga, pues, en mis sollozos tus profundos plomos de sosiego,
acelera esas llamas, esas altas disciplinas,
ese orden que sonríe en mis rodillas,
mórbida luz de todas las campanas.

Ni un solo pensamiento, oh poetas,
los poemas EXISTEN,
nos aguardan!

Now I catch my face in the water of those deep farewells,
in the screens of those last sobs,
because I am behind each thing
crying for what they took from my self.

And I love the warmth of this pain-stricken flesh consoling me,
the sensuous shadow of the bare sadness that I stole from the angels,
the ring of my breathing, recently forged...
It's all that remains, oh anxiety.

Release, then, your inner weights of calm into my sobs,
hasten the flames, those high disciplines,
that order grinning on my knees,
morbid light of all bells.

Not a single thought, oh poets,
poems EXIST,
they await us!

Extremos Visitantes

Exuberantes lejanías realizándose en mi huerto, sumergiéndose en mis
  árboles.
Lo comprendo: el viento, este viento, es el alma de las distancias:
rompiendo cielos, en todo encuentro vuelca su vida,
no se inviste de tiempo para presenciar completa la vida de las cosas;
su sabiduría estrena siempre, incorporándose,
reanudando todos los secretos, inundándolos, sin remover
su indócil fermento, su numerosa pasión;
semejante a un poeta unánime, solidario, cosmológico, central,
que testifica en su propio espíritu lo que en la naturaleza se confina,
que no erige temas,
porque su mirada no cabe en un solo éxtasis de aire;
sino que, ingrávida, todo lo anima y lo devuelve a su constancia.

* * *

Ahí vivo, en medio de esos ímpetus, solemne en ese afán,
del viento, de ese viento, que se retuerce en mi huerto y se ostenta aden-
  tro de mis árboles.
No mueve una hoja sólo ni besa cada flor, simultánea,
soberanamente se presenta a todas, las abraza, sin separarse de su yo;
es una sujeción recíproca, constante, de todas partes,
hacia un punto inaccesible de morbidez ufana,
ni requiere substancia;
ese viento es la bandera estrecha de las almas! —Ah,
cómo evadirme, sin embargo, de ese atormentado suelo, cómo huir,
qué bríos, qué lanzas apagadas me clavan, me mantienen en pie,

Visitor Extremes

Exuberant distances materializing in my orchard, plunging into my
   trees.
I understand: the wind, this wind, is the soul of remoteness:
breaking skies open, turning its life over at every encounter,
it doesn't fold itself into time in order to witness the complete life of things;
its wisdom gathers itself, always brand new,
resuming all secrets, flooding them, without removing
their wayward ferment, their numerous passion;
like a unanimous poet in solidarity, cosmological, central,
testifying in his own spirit what is confined in nature,
not erecting themes,
since his gaze does not fit in a single ecstasy of air,
but rather, weightless, animates and returns each thing to its constancy.

* * *

There, alive, amid those impulses, solemn in the zeal
of the wind, of that wind, writhing in my orchard and showing off
   within my trees.
Not moving one leaf only nor kissing every simultaneous flower,
but regally appearing before all, embracing them, without parting
   with its *I*;
it is a reciprocal subjection, constant, ubiquitous,
toward an inaccessible point of vain morbidity,
requiring no substance;
that wind is the narrow banner of the souls!—Ah,
how to avoid, however, that tormented ground, how to escape,
what brio, what dull spears pierce me, keep me upright,

en antiguo carácter de novela, obligatorio, pudiendo
descolgarme solo y escapar desnudo hacia tempestades de alturas
        desoídas, incompletas,
lavar mi espíritu, mojarlo, en la lengua sin refrán
de cascadas de sollozos que socavan las tinieblas, que trasudan,
queriendo encontrarlo todo, cruzar su sueño con esa hebra de luz mojada.

* * *

Coraza de tormentos, de escombros victoriosos,
invasión de altura comprobándose en mármoles de espanto, pierna
        interrena;
en medio de ese alud pasado, rodeado de fantasmas de fantasmas para
        poder pensar,
de presencias que me agarran desesperadamente, que se agotan,
husmeando su losa viva, el pedestal de su absoluto y soberano ídolo,
pero en quienes todo fuego, toda aptitud terrena se ha perdido;
destinado a lo indecible, víctima suma, como aquel
que sabe la sombra de un muerto porque frecuenta
el más duro suceso de sus obscuras y tardías potestades,
desempeñando, oh sol parecido a todas las sombras, tenaz,
la fortuna sagrada de ese hálito, trémulo
de un espejo contra todas las guerras, sobreviviente,
triunfante estoy en ese recóndito reposo —como un sollozo
que bulle en su intenso plantel y que anula
los bríos de su vasta emergencia a trechos traicionada
para titular sus sufrimientos!

in ancient character from a novel, mandatory, when I, alone,
could release myself and flee naked toward tempests of incomplete,
        unheard of heights,
cleanse my spirit, soak it, in the tongue without a proverb
of cascading wails that undermine the darkness, and ooze,
wanting to find it all, to cross their dream with that thread of wet light.

* * *

   Armor of misfortunes, of victorious rubble,
the invasion of height proving itself in the marble of horror, unearthly leg;
in the middle of that past avalanche, surrounded by the ghosts of ghosts
        to be able to think,
by presences that grip me desperately, that consume themselves,
nosing about their live slabs, the pedestal of their absolute and sovereign
        idol,
but in whom all fire, all earthly aptitude has been lost;
destined to the unsayable, prime victim, like the one
who knows the shadow of a corpse because he frequents
the harshest incident of his dark and belated powers,
carrying out, oh sun akin to all shadows, tenacious,
the sacred fate of that breath, trembling
from a mirror against all wars, survivor,
triumphant I am in that recondite repose—like a sob
that boils up in its intense locale and crushes
the brio of its vast emergence at stretches betrayed
to give its afflictions titles!

Yo, Viejas y Nuevas Palabras

I, Old and New Words

No debiera escribir esto, desde que todo queda dicho, o no, en cada uno de los poemas, y en cada una de sus palabras.

Se trata de una selección de mis primeros trabajos, selección que el tiempo y una mayor consciencia literaria han ido restringiendo; y que, demasiado solo para oponerme a la impura diversidad del mundo, no pude publicar con la acentuada y natural distribución de su orden cronológico.

Así he vivido.

Mi actitud no es, sin embargo, la de un nihilista, la de un ególatra, o la de un deshumanizante...

No.

Es la de aquel que fue demasiado lejos en el corazón de los hombres y en su propio corazón; la de aquel orgulloso de las soberbias esperanzas que, de súbito, creyendo disponer del universo en una enumeración insólita, tropieza, en cambio, con la omnipresencia lacerada de su yo, mientras un índice de revelación señala esa fijeza con su fuego individual.

He ahí mi pavoroso problema.

Aquellos que han amado mucho, y que han meditado en el POR QUÉ de su sufrir al perder para siempre lo que amaron, esos, tendrán que comprenderme.

No he escrito, pues, como se lo dije un día a un poeta, "llevado del afán de HACER LITERATURA, achaque tan común en nuestra tierra, sino obedeciendo a irresistibles impulsos; a la necesidad, más bien, de definir por medio de la expresión de mis estados interiores, la VERDADERA situación de mi yo en el espacio y en el tiempo"...

Una nueva modalidad ético-estética debe alcanzar, necesariamente, aquel que parte en línea extrema de sí mismo.

I probably shouldn't write this, since everything has been said, or not, in each one of the poems and each one of their words.

This is a selection of my early works, a selection that both time and an increasing literary awareness have kept narrowing down. One that, being too alone to oppose the world's impure multiplicity, I wasn't able to publish in the pronounced and natural sequence of its chronological order.

This is how I have lived.

My attitude, however, is not that of a nihilist, a narcissist, or someone who dehumanizes...

No.

It is the attitude of one who went too far into the heart of man and into his own heart; of one who is proud of his conceited hopes and who, all of a sudden, believing that he has the whole universe at his disposal in an unsurpassed enumeration, instead trips on the torn ubiquity of his *I*, while an index of revelations points to that stillness with its individual fire.

Hence my dreadful problem.

Those who have loved much, and who have reflected on the WHY of their suffering upon losing the objects of their love forever, they ought to understand me.

Thus, I didn't write, as I said to a poet one day, "guided by the desire to WRITE LITERATURE, such a common affectation in this land, but rather following irresistible urges: the need to define, by expressing them, my inner states of being and the TRUE situation of my *I* in space and time..."

A new ethic-aesthetic modality will necessarily be reached by those who set out on the extreme path of their own selves.

No pretendo haber alcanzado ni alcanzar tan soberano éxito.

Hay, lo sé, en estos poemas, influencias que aún los condicionan a aquello que tan arbitrariamente han dado en llamar "el fondo y la forma".

Las hay, sobre todo, de estas últimas. Dos o tres poemas.

No obstante, a través de su presencia excepcional, el espíritu se recupera en cada página.

Y eso es lo que me interesa.

Sé, por fin, que lo que digo, ya está dicho; mis palabras sólo me pertenecen.

Pero, después de todo, mi grande emoción, la trágica experiencia de mi espíritu, son auténticas.

Y ese es el punto de partida desde el cual y a través de esfuerzos mejores, los jóvenes que verdaderamente odiamos el pasado y el presente, a fuerza de amar el porvenir, lograremos, si no alcanzar, por lo menos preparar, aquel vasto equilibrio que habrá de liberar a la humanidad, haciéndola revelarse a sí misma en su esencia más íntima.

—*Omar Cáceres*

I do not pretend to have reached, or to ever reach, such lofty victory.

I am aware that these poems have influences that still condition them to manifest what so arbitrarily has been called "content and form."

Influences, especially, when it comes to form. In two or three poems.

Nonetheless, through its exceptional presence, the spirit recovers on each page.

And that is what interests me.

I know, ultimately, that what I say has already been said; my words belong to me only.

But, after all, my great emotion and my spirit's tragic experience are authentic.

And that is the point of departure for us youth who, through our best efforts, truly hating the past and present, due to our love for what is yet to come, will achieve, or at least pave the way for, the vast equilibrium that will liberate humanity, allowing it to reveal itself in its most intimate essence.

—*Omar Cáceres*

Note: This text was not included in the first edition of *Defensa del Ídolo*, but in Pedro Lastra's edition for LOM (1996). Lastra explains that the statement was originally written for the *Antología de poesía nueva chilena* (1935), edited by Eduardo Anguita and Volodia Teitelboim.

Translator's Acknowledgments

In 2003, Craig Dworkin asked me if I was interested in translating Omar Cáceres's only book of poems for Eclipse. He ended his note saying that there was no rush to publish it. Take "however much time you'd think you'd need," he wrote. And so I did. My thanks go out to him for the original invitation and his constant support. I greatly appreciate NYSCA's funding, and Lee Norton's pursuit of it. I am especially grateful to Rebekah Smith and Matvei Yankelevich for encouraging me to return to this work. Without their editorial care and inspired suggestions, I very well might have failed again, not failed better.

— *Mónica de la Torre*
April 2018

Omar Cáceres (1904–1943) was a cult poet in the Chilean avant-garde. He published one book of poetry, *Defense of the Idol* (1934), of which only two copies survived after Cáceres tried to burn the entire print run upon publication due to the edition's numerous typos. He had ties with the Communist Party, and according to poet Jorge Teillier, played the violin in an orchestra of the blind. He was murdered by unknown assailants.

Mónica de la Torre is the author of six books of poetry, including *The Happy End / All Welcome* (UDP) and *Feliz año nuevo*, a volume of selected poetry published in Spain (Luces de Gálibo). She teaches in the Literary Arts program at Brown University.

Lost Literature Series

1 Gabriel Pomerand, *Saint Ghetto of the Loans*

2 Vito Acconci and Bernadette Mayer, *0 to 9: The Complete Magazine*

3 Aram Saroyan, *Complete Minimal Poems*

4 Paul Scheerbard, *The Development of Aerial Militarism*

5 Su Shi, *East Slope*

6 Jack Micheline, *One of a Kind*

7 Carlos Oquendo de Amat, *5 Meters of Poems*

8 Manuel Maples Arce, *City: Bolshevik Super-Poem in 5 Cantos*

9 Guillevic, *Geometries*

10 Ernst Herbeck, *Everyone Has a Mouth*

11 Heimrad Bäcker, *Seascape*

12 Alejandra Pizarnik, *Diana's Tree*

13 César Vallejo & César González-Ruano, *Vallejo: Heraldo de Madrid*

14 Alejandra Pizarnik, *The Most Foreign Country*

15 Hirato Renkichi, *Spiral Staircase*

16 Marosa di Giorgio, *I Remember Nightfall*

17 Constance DeJong, *Modern Love*

18 Eleni Vakalo, *Before Lyricism*

19 Laura Riding, *Experts are Puzzled*

20 Laura Riding, *Convalescent Conversations*

21 Marchel Duchamp, Henri-Pierre Roché, Beatrice Wood, *The Blind Man*

22 Arnaldo Calveyra, *Letters So That Happiness*

23 Omar Cáceres, *Defense of the Idol*

24 Amanda Berenguer, *Materia Prima* [FORTHCOMING]

25 Paul Colinet, Paul Nougé, Louis Scutenaire, *Ideas Have No Smell: Three Belgian Surrealist Booklets* [FORTHCOMING]

26 Alejandra Pizarnik, *A Tradition of Rupture* (essays) [FORTHCOMING]